DISCOURS
SUR LA REFONDATION NATIONALE

DU MÊME AUTEUR

Jean-Pierre Mbelu, *A quand le Congo ? (Réflexions & propositions pour une renaissance panafricaine)*, Paris, Congo Lobi Lelo, 2016.

Jean-Pierre Mbelu, *#Ingeta (Dictionnaire citoyen pour une insurrection des consciences)*, Paris, Congo Lobi Lelo, 2017.

Jean-Pierre Mbelu, *Demain, après Kabila (Remettre les cerveaux à l'endroit. Reconquérir notre dignité et nos terres. Réinventer le Congo-Kinshasa)*, Paris, Congo Lobi Lelo, 2018.

Jean-Pierre Mbelu, *C'est ça Lumumba (Partager, poursuivre et soutenir le combat pour la dignité, la justice et l'émancipation)*, Paris, Congo Lobi Lelo, 2020.

Jean-Pierre Mbelu, *La fabrique d'un Etat raté (Essais sur le politique, la corruption morale & la gestion de la barbarie)*, Paris, Congo Lobi Lelo, 2021.

JEAN-PIERRE MBELU

DISCOURS SUR LA REFONDATION NATIONALE

Les conditions de possibilité d'une réappropriation du destin collectif

MESSAGES | CONGO LOBI LELO

« Crions avec foi et engagement :
levons-nous et bâtissons un pays
plus beau qu'avant, dans l'amour du
prochain et de la patrie, dans la dignité,
la paix, la justice et le travail. »
HONORÉ NGBANDA NZAMBO,
Crimes organisés en Afrique Centrale

MESSAGES
La collection *Messages* de Congo Lobi Lelo rassemble, produit et propose des textes essentiels et décisifs sur les défis collectifs auxquels les Congolais, en particulier, et les Afrodescendants, en général, font face.

Le discours sur la refondtion nationale est un discours prononcé par l'abbé Jean-Pierre Mbelu, le 22 février 2020 à Bruxelles, en Belgique, lors du colloque « Enjeux et défis du nouveau départ et de la consolidation du Congo », organisé par La Convention des Congolais de l'Etranger (CCE).

Originaire du Kongo-Kinshasa, philosophe de formation, abbé et analyste politique, Jean-Pierre Mbelu est auteur des livres *A quand le Congo ?*, *#Ingeta. Dictionnaire citoyen pour une insurrection des consciences*, *Demain, après Kabila*, *C'est ça Lumumba* et *La fabrique d'un Etat raté*. Jean-Pierre Mbelu est également cofondateur du mouvement civico-écologique congolais LIKAMBO YA MABELE.

ISBN: 978-2-9576981-3-4
© Ifonge/Congo Lobi Lelo, 2022.

Introduction

Penser à la réappropriation de notre destin national présuppose que nous en étions « les maîtres ». Et qu'il est arrivé qu'il nous échappe ou qu'il soit confisqué. Pourquoi et comment nous échapperait-il ? Qui pourrait l'avoir confisqué ? Depuis quand ? Qui sommes-nous pour que nous puissions nous réapproprier un destin national qui nous échappe et/ou qui est confisqué ? Se réapproprier notre destin national présuppose qu'il fut nôtre. Quand ? Qu'en est-il aujourd'hui ?

D'emblée, toutes ces questions renvoient à la fois à notre histoire et à notre anthropologie. Mais aussi à une remise en question de cette histoire et de cette anthropologie. A leur lecture critique en vue d'en exploiter les possibilités hypothétiques d'une émancipation des forces de la mort incapacitant une réappropriation responsable de notre destinée.

Qui sommes-nous ? Nous sommes des «Bantu» nous recevant des autres et de l'Autre. Qui dit « Muntu » dit prioritairement le «NTU», le «Mutu», le « MOTO », « la tête » comme siège de la sagesse et de l'intelligence. Etre un « Muntu », être des

«Bantu», suppose un accueil responsable du « BOMOTO » en nous pour le transmettre aux générations futures. Un « Muntu » s'accueillant des autres et de l'Autre est un être humain pour soi, avec et pour autrui. Il sait (ou apprend à) faire la différence entre « les Bintu » (biloko) et «les Bantu» (batu). Que pour lui, l'être l'emporte sur l'avoir. Et qu'un «Muntu» qui fait et vit le contraire est un «Tshintuntu». (Malheureusement, le nombre de «Bintuntu» semble aller croissant!)

Accueillir au quotidien de manière responsable le « BOMOTO », « le Maât » (la justice et la vérité), en vue de le transmettre est une des conditions préalables de la réappropriation de notre destinée. Cela suppose une bonne maîtrise des mécanismes (et des structures) de production de soi, de sa vie et de survie. Toujours avec et pour autrui. Ces mécanismes sont à la fois matériels, spirituels, politiques, économiques, culturels et religieux.

D'où venons-nous ? D'une Afrique ayant bâti de grands empires et royaumes et ayant connu une malencontre avec l'autre (venu d'ailleurs) et lui ayant imposé des paradigmes de néantisation et d'indignité. Des paradigmes dont les effets nocifs sur les filles et les fils de l'Afrique ont participé du viol de leur imaginaire au point de se considérer dorénavant comme des « non-personnes ».

Le changement de paradigme s'impose comme une deuxième condition préalable de la réappropriation de notre destinée nationale. Il

> Nous sommes des Bantu nous recevant des autres et de l'Autre. Qui dit Muntu dit prioritairement le NTU, le Mutu, le MOTO, la tête comme siège de la sagesse et de l'intelligence.

induit une « révolution culturelle » pouvant nous conduire à déclarer « révolu » tout ce qui attente à notre dignité, à notre fierté et à la protection de notre terre-mère. Celle-ci devrait passer par l'éducation en famille, à l'école, à l'université, à l'église et dans les collectifs citoyens ; ces différents lieux de socialisation et de politisation du «Muntu». Cette « révolution culturelle » devrait conduire à la rupture de la fracture sociale entre le monde paysan et les habitants de nos villes (et bidonvilles) ; et à l'entretien de la mémoire collective. Elle devrait contribuer à nous sortir massivement de l'apathie, du consumérisme et de l'obscurantisme.

Ce qui nuit à notre dignité, c'est la reconduction des paradigmes négatifs et la guerre perpétuelle menée contre notre pays et contre l'Afrique. «Beaucoup d'entre nous ne s'imaginent pas être en guerre, du tout. C'est la raison par laquelle il y a un grand décalage entre l'agression que nous subissons et notre riposte. Ce qu'il faut que les africains comprennent, c'est que des peuples entiers ont disparu. Et ce n'est pas fini.[1] »

Au Kongo-Kinshasa, avec la complicité des nôtres, nos populations sont en train d'être chassées de leurs terres et exterminées. L'un des nôtres, complice de ce « génocide » de plus de deux décennies, a fini par péter les plombs et

---
[1] Bwemba Bong, *Pour nous reconstruire et redevenir nous-mêmes*, Congo Lobi Lelo, 2019.

réentendre la voix prophétique du Père Vincent Machozi. Sa confession précédée de sa demande de pardon interpelle[2]. Ce témoignage interpelle sur le nombre de filles et fils du Kongo-Kinshasa ayant accepté de vendre leur âme à « Mammon » afin de participer, avec les autres «mammonites», à l'extermination de leurs frères et sœurs et à la spoliation de notre terre-mère.

Dans ce contexte, « une bonne révolution culturelle » devrait être accompagnée d'une thérapie collective désenvoûtante. Mais aussi d'une « Ethique reconstructive ». Elle devrait être à la fois une éthique de responsabilité et une éthique de réconciliation.

Un pays en guerre perpétuelle devrait organiser une défense réellement républicaine, débarrassés des « éléments » liés aux processus d'infiltration dénommés « mixage et brassage » et capable de nouer des alliances civico-militaires. Initier les filles et les fils du Kongo-Kinshasa aux pratiques de l'auto-défense est une nécessité. Ceux-ci doivent savoir que «des peuples entiers ont disparu. Et ce n'est pas fini. Nos agresseurs inventent des armes de plus en plus redoutables.» Ces pratiques de l'auto-défense ne devrait pas être que «musculaires». Non, elles doivent être aussi des «arts» aidant à remettre les cerveaux à

---

2 "Confession et Pleurs d'un dignitaire : « Je suis otage et complice des Massacres de chez moi »", Benilubero.com, 16 février 2020.

l'endroit.

En plus de ces conditions préalables, nous en proposons trois autres :
- La rupture avec une approche insulaire du Kongo-Kinshasa
- La nécessité d'une thérapie collective et de l'interdisciplinarité
- La théorisation de l'action organisée

Le Kongo-Kinshasa
et l'illusion de l'insularité

Le Kongo-Kinshasa n'est pas une île. Comme territoire, il est entouré de neuf voisins et il est situé au cœur d'un continent ayant plus de cinquante pays. La mondialisation et la révolution numérique le relient à presque tous les pays du monde. La guerre perpétuelle de prédation et de basse intensité dont il est victime est «un morceau» de la guerre des «globalistes» contre les peuples. L'un d'eux, Warren Buffet, se confiant à New York Time du 26 novembre 2006 (et cité par Le Monde du 20 novembre 2008), dit ceci : « Il y a une guerre des classes, c'est un fait, mais c'est ma classe, la classe des riches qui la mène et nous sommes en train de la gagner. »

Commentant cette « confidence », Michel Geoffroy écrit ce qui suit : « L'homme qui déclare cela n'est pas un marxiste-léniniste attardé. C'est l'Américain Warren Buffet, la troisième fortune mondiale en 2016, avec 65,9 milliards de dollars selon le classement Forbes. Le «sage d'Omaha» est un magnat de la finance, des médias et de l'agroalimentaire. Ami de Bill Gates, conseiller du Président Obama, et grand financier de fondations devant l'Eternel. Grand donneur de leçons aussi. » (M. GEOFFROY, *La superclasse mondiale contre les peuples*, Versailles, Via Romana, 2018)

Quelles formes cette «guerre des classes» peut-elle prendre ? Les formes « hard », «soft» et « smart ». (Lire S. ERBS, V. BARBE et O. LAURENT, *Les réseaux Soros à la conquête de l'Afrique. Les réseaux d'influence à la conquête du monde*, Versailles, Va Editions, 2018, p.128) Quels sont les moyens et les instruments auxquels recourt cette « guerre des classes » ? «Le bâton et la carotte», la conquête des têtes et des esprits par l'école, l'université, les Organisations Non Gouvernementales (ONG), les experts, les Institutions Financières Internationales (IFI), le lobbying et les médias dominants interposés. La conquête des têtes et des esprits facilite l'imposition d'une croyance selon laquelle il n'y a pas une autre possibilité de développer l'économie mondiale en marge du « capitalisme ensauvagé ». Dès que cette croyance a conquis les têtes et les esprits, elle y devient une conviction selon laquelle il n'y a pas d'alternative à ce «capitalisme ensauvagé» (et à ses fondés de pouvoir jouant le rôle de « petites mains » au cœur d'un « capitalo-parlementarisme » dénommé abusivement « démocratie ». Connaître ce

> Connaître en conscience et agir en s'auto-organisant, cela marche de pair. Connaître en conscience pour s'auto-organiser aide à comprendre que le modèle du capitalisme ensauvagé a échoué.

fait en conscience est indispensable aux peuples et à leurs leaders patriotes. Pourquoi ?

Cette connaissance en conscience permet de se rendre compte que « le capitalisme ensauvagé » est une créature d'une classe consciente de sa guerre contre les peuples. Et qu'il est possible que ces peuples produisent leur propre « Idée » pouvant les aider à rompre avec »la stratégie du choc et du chaos » liée à « la montée de ce capitalisme du désastre ». (Lire N. KLEIN, *La stratégie du choc. La montée du capitalisme du désastre*, Actes Sud, 2008 ; M. COLLON et G. LALIEU, *La stratégie du chaos. Impérialisme et islam. Entretien avec Mohamed Hassan*, Bruxelles, Investig'Action, 2011) Produire une « Idée » alternative à celle du capitalisme «ensauvagé» exige, en plus d'une «connaissance en conscience» de la guerre de tous contre tous qu'il provoque perpétuellement une auto-organisation populaire comme trajet d'apprentissage en commun et lieu de mobilisation permanente. Connaître en conscience et agir en s'auto-organisant, cela marche de pair. Connaître en conscience pour s'auto-organiser aide à comprendre que le modèle du capitalisme ensauvagé a échoué. Cela doit être un enjeu partagé par le plus grand nombre.

Et au cœur de cette auto-organisation, des «minorités éveillées» pourraient jouer le rôle du « levain dans la pâte » sans prendre une position de surplomb. Car il s'agit de renverser la pyramide hiérarchique de façon que « les peuples deviennent d'abord » les démiurges de leur propre destinée.

Ce renversement de vapeur devrait être prioritairement local. Il partirait de petits collectifs citoyens interconnectés du quartier au village, du quartier à la cité, au secteur, au territoire, etc.

Au cours de cette « guerre des classes », le Vénézuélien, Hugo Chavez s'est risqué sur cette voie avec son peuple en travaillant ensemble pour qu'il sorte de l'analphabétisme et de la pauvreté crasse.

Malheureusement, il n'avait pas en tout et pour tout rompu avec l'« Idée capitaliste ». Une bonne partie de la propriété vénézuélienne était entre les mains des «fondés de pouvoir du capital.» Cela leur a permis de mener la vie dure à son successeur et au peuple vénézuélien qui ne s'avoue pas encore vaincu. Chavez lui a légué des «contre-stratégies» en se démultipliant.

En Bolivie, Evo Morales a bien joué le rôle du «levain dans la pâte» jusqu'au récent coup d'Etat. De ce coup d'Etat, les siens ont tiré quelques leçons. Ils estiment que « les mouvements socialistes qui arrivent au pouvoir doivent neutraliser leurs plus grands ennemis locaux. Ils doivent construire leurs propres défenses.

Ils ne peuvent pas compter sur des institutions comme l'armée et la police dont ils héritent des régimes précédents. De tels mouvements ne doivent jamais compter sur des organisations affiliées aux États-Unis comme l'OEA ou sur du personnel militaire et policier qui a été endoctriné par les États-Unis. Un mouvement a besoin d'une voix publique. Il doit construire ses propres médias au niveau local et international.

Hugo Chavez savait tout cela. Dès qu'il a remporté l'élection présidentielle au Venezuela, il a mis sur pied les forces nécessaires pour défendre l'État. C'est la seule raison pour laquelle son successeur, Nicolás Maduro, a vaincu la tentative de coup d'État contre lui et est toujours au pouvoir.[3] »

L'expérience cubaine tient encore le coup. Elle semble être pratiquement un miracle !

Le Kongo-Kinshasa devrait rompre avec l'illusion de l'insularité, apprendre de son histoire et des autres. Dans un monde devenant de plus en plus interdépendant, il ne devrait pas ignorer les expériences des peuples en lutte pour leur souveraineté, leur autodétermination et leur émancipation de l' « Idée capitaliste » et de ses « globalistes ».

Il devrait aussi apprendre de son histoire. Il fut programmé comme pays à détruire à côté de beaucoup d'autres tels que la Libye, la Yougoslavie, la Syrie, la Somalie, l'Irak, etc.

Il ne peut plus, tout en voyant ce qui est arrivé et/ou est encore en train d'arriver à certains de ces

---

3 "Les leçons à tirer du coup d'État en Bolivie", legrandsoir.info, 14 novembre 2019.

> Il s'agit de renverser la pyramide hiérarchique de façon que les peuples deviennent d'abord
> les démiurges de leur propre destinée.

pays, croire qu'en faisant la même chose toujours et encore la même chose (avec les mêmes), il obtiendra des résultats différents. Non.

Il a besoin d'une auto-organisation populaire rompant avec le statu quo et renversant localement et nationalement la pyramide hiérarchique. C'est ça que signifie « le peuple d'abord ». Ensuite, Il doit produire et adhérer à l' «Idée de la production collective du commun ». Il sera absurde que s'affirmant « démocratique », il accepte «le mythe thatchérien » selon lequel « il n'y a pas d'alternative» au capitalisme ensauvagé.

Enfin, son grand mouvement auto-organisé devrait être le lieu où le débat rationnel et raisonnable, la délibération et les décisions collectives contribuent à « la production collective du commun ».

Au vu de la perte de la boussole éthique des globalistes et de leur production exponentielle des inégalités, le pays de Lumumba doit choisir sa voie : «produire et protéger collectivement le commun». Il n'y a pas de « démocratie » là où «l'un» s'impose comme l'unique possible.

Ce pays, victime de « la guerre des classes», aura besoin de passer par une «Ethique reconstructive» pour se remettre sur les rails. Celle-ci a une double dimension. Elle est à la fois une éthique de responsabilité.

Elle est une exigence permanente de reddition des comptes. Elle convoque ce passé-présent de guerre raciste pour que les criminels (de guerre, contre l'humanité et économiques) répondent de leurs forfaits afin que les plaies des victimes puissent être pansées et que les réparations soient faites pour un départ différent. Sans impunité. De ce point de vue, les juridictions ad hoc sont indispensables.

De ce point de vue, le petit avantage que le pays a est que les rapports des experts de l'ONU sur cette guerre sont encore disponibles.

Un départ différent suppose une réconciliation entre Congolais, entre Congolais et leurs voisins proches et lointains par respect du principe de l'interdépendance. Au sujet des voisins proches, créer des espaces de sécurité partagée est indispensable.

Cette « Ethique reconstructive » suppose un « Etat refondé » sur des principes de liberté, d'équité et d'égalité et ayant des institutions dont le contenu n'est pas démenti par la réalité. Un Etat respectueux des principes de la charte de l'ONU : l'égale souveraineté, la réciprocité (dans ses relations avec les autres Etats) et la non-ingérence dans les affaires internes d'un Etat tiers.

Prendre conscience que le Kongo-Kinshasa connaît un morceau de «guerre des classes» perpétuelle devrait aider à en analyser les externalités. Elles peuvent être résumées en «crise de sens» et « crise anthropologique ». Celles-ci peuvent être jugulées par la refondation d'un

Etat soucieux des droits sociaux, économiques, politiques, spirituels et environnementaux du peuple.

Thérapie collective & interdisciplinarité

La guerre qui nous est imposée, petit à petit, travaille à la décivilisation et à l'abrutissement de nos populations et classes politiques. A tel point que pour certains acteurs politiques, ce qui importe, c'est leur ventre et l'argent. La guerre a détruit plusieurs d'entre nous. Ils ont sombré dans la schizophrénie, la psychopathie ou dans la sociopathie. Ce qui fait qu'il y en a aujourd'hui qui ne jurent que par la souffrance de certaines couches de nos populations. Dès qu'ils ont leurs sous, le reste ne les intéresse pas. Ils sont tombés dans l'indifférence... Si demain, nous ne nous organisons pas pour que nos populations deviennent des acteurs de premier plan du changement en profondeur dans ce pays. Rien n'adviendra. Il faut beaucoup plus travailler à cela. Il faut travailler à l'éveil des consciences, à la connaissance de nos populations des questions essentielles de notre pays aujourd'hui, à faire en sorte que les idées essentielles atteignent les masses. Quand les idées essentielles sur ces questions-là auront atteint les masses, elles vont devenir une force.

La grande révolution que nous devons

pouvoir réaliser de manière consciente est « la révolution idéologique ». La révolution culturelle susmentionnée doit être profondément une «révolution idéologique». Elle peut accompagner toutes les autres révolutions. Si du point de vue idéologique, il n'y a pas d'idées très claires sur le destin collectif de nos populations, nous n'irons nulle part. Beaucoup. Ces idées devraient porter la marque de l'interdisciplinarité.

Au Kongo-Kinshasa, il devient de plus en plus rare que « le peu de débat politique » soit porté par une certaine interdisciplinarité. L'histoire est souvent méprisée ou mal réécrite par les partisans du « présentisme » et de la mangeoire. Ce « peu de débat politique » est appauvri par le culte de la personnalité. Les apports des sciences humaines sont souvent négligés. Pourtant, en observant certains comportements moutonniers, il serait important de jeter un coup d'oeil du côté de la psychologie, de la psychiatrie et de la psychothérapie. Il semble que le pays de Lumumba souffre aussi de sa gestion par des minorités de psychopathes et/ou de pathocrates. Des échanges faits avec certains « acteurs politiques apparents » ou certains membres de la société (dite) civile peuvent en témoigner.

Un exemple. Un jour, « un politicien » congolais m'appelle et me dit ceci : « Ils nous ont dit de mettre les Congolais dans la rue et que si l'on en tue un peu, ils vont intervenir. Ils viennent de tuer

> La guerre qui nous est imposée, petit à petit, travaille à la décivilisation et à l'abrutissement de nos populations et classes politiques.

plus de quarante congolais. Quelle comptabilité macabre attendent-ils pour qu'ils interviennent? »

Cet échange date de la période au cours de laquelle les compatriotes s'étaient organisés et mis debout pour que «le régime de la kabilie» ne puisse toucher à la « Constitution ». Des compatriotes ont témoigné du rejet de ce régime en publiant un livre intitulé *Les Congolais rejettent le régime de Kabila* (2015). Il y a, sur la couverture de ce livre, la photo de Gaby Mamba tué à Kinshasa à balles réelles lors des manifestations des 19, 20 et 21 janvier 2015. Curieusement, ce « régime » ayant reconduit « le paradigme léopoldien » est, soit dit en passant, qualifié aujourd'hui de »social-démocratie » ! Il y a un problème sérieux !

Revenons à l'échange. « Ils nous ont dit de mettre les Congolais dans la rue ». Qui a dit à qui ?

« Certains décideurs » ont demandé à leurs «sous-traitants» de mettre les Congolais dans la rue en sachant qu'ils vont être tués. En fait, ils sont tués et « les décideurs » n'interviennent pas. Et un « sous-fifre », « un esclave volontaire » crie au secours afin que la comptabilité macabre de morts congolais soit mise sur la place publique (sur les réseaux sociaux) !

Il me semble qu'il y a, dans cette façon de faire, une alliance thanatophile, une alliance mortifère entre « certains décideurs » et «leurs marionnettes» agissant comme « acteurs apparents » au Kongo-Kinshasa. Cette alliance transforme le pays de Lumumba en « pathocratie » gérée par des « transnationaux psychopathes ». Pour cause. Je doute que des personnes normalement constituées puissent, en conscience et en connaissance de cause, envoyer des humains à la mort en mentant sur leur possible intervention.

Réduire tous les questions liées à la guerre perpétuelle et de basse intensité ayant cours au Kongo-Kinshasa aux besoins des multinationales en matières premières stratégiques et ne pas s'occuper du « mental » de leurs « petites mains » pourrait constituer une erreur eu égard à tous les apports des sciences humaines aujourd'hui. L'alliance thanatophile sous laquelle le pays de Lumumba est en train de ployer est aussi celle des psychopathes. La soif de domination des «décideurs», l'instrumentalisation des « sous-fifres », le mépris des Congolais, la banalisation de la mort, le cynisme et le machiavélisme dont ils font ensemble montre apparentent leur comportement à la psychopathie.

En effet, « la psychopathie peut être caractérisée comme une tendance à la fois à la domination et à la froideur... Les psychopathes sont enclins à la colère et à l'irritation et sont prêts à exploiter les autres. Ils sont arrogants, manipulateurs, cyniques, exhibitionnistes, à la recherche de sensations, machiavéliques, vindicatifs et intéressés uniquement par leurs propres gains ... »

Que ces « sous-fifres » et autres tueurs du

« régime » susmentionné s'autoproclament « hommes d'Etat », « autorité morale », « président », « ministre », « Père de la démocratie », etc. et qu'ils aient quand même, pour les suivre, des applaudisseurs, des tambourinaires et des fanatiques tirant le diable par la queue du 1er janvier au 31 décembre et/ou « robotisés » pour être à tout moment en costume et cravate, c'est là que leur « nature contagieuse » se révèle dangereuse. Il paraît que les psychopathes « exigent de l'amour et la reconnaissance sociale et se considèrent comme très dignes et importants, mais n'offrent ni amour ni reconnaissance en retour, car ils considèrent les autres comme indignes et insignifiants. Ce comportement est clairement conforme à l'essence de la psychopathie telle qu'elle est communément décrite. »

En observant certains comportements moutonniers au sein de ces compatriotes livrés régulièrement à la mort par ces « psychopathes » de « gauche » et de « droite », la question de savoir si le Kongo-Kinshasa ne serait pas devenu une « pathocratie » (ayant besoin d'une thérapie collective) se pose.

Que signifie-t-elle ? « La Pathocratie est un système de gouvernement dans lequel une petite minorité pathologique prend le contrôle d'une société. Dans une pathocratie, tous les postes de direction (…) doivent être occupés par des personnes atteintes des mêmes déviations

" La grande révolution que nous devons pouvoir réaliser de manière consciente est *la révolution idéologique.*

psychologiques (…). Mais de telles personnes ne représentent qu'un très faible pourcentage de la population, ce qui les rend donc encore plus précieux aux yeux des pathocrates. Les pathocrates ne seront donc pas très regardants sur le niveau intellectuel ou les compétences professionnelles, qui seront encore plus rares. » Et « les pathocrates » sont des « psychopathes » et des prédateurs.

En 2003, un livre donnant sa version de la guerre de basse intensité menée contre le Grands Lacs Africains avait pour titre : *Les nouveaux prédateurs. Politique des puissances en Afrique centrale*. Sa deuxième partie est intitulée « Les nouveaux prédateurs ». Et « le réseau d'élite de prédation » décrié dans le rapport des experts de l'ONU de 2002 (Kassem) est mentionné dans ce livre ainsi que plusieurs de ses membres. Sa participation à cette guerre d'usure, ses mensonges et ses faux-semblants, etc. rendent son comportement identique à celui des psychopathes. « Le psychopathe est un prédateur. Si on réfléchit aux interactions entre les prédateurs et leurs proies dans la nature, on peut avoir une certaine idée de ce qui se cache derrière le « masque de santé mentale » du psychopathe. Tout comme le prédateur qui recourt à des stratagèmes pour s'approcher furtivement de sa proie, pour l'isoler du troupeau, s'en approcher et l'épuiser, le psychopathe se construit toute un panoplie de camouflages sophistiqués, composée de paroles,

" le Kongo-Kinshasa a besoin des pratiques (collectives) de désenvoûtement culturelles, psychologiques, psychiatriques, spirituelles, philosophiques, politiques, etc.

d'apparence, de mensonges et de manipulations – afin de « tromper » sa proie. Contrairement aux gens normaux qui aiment voir d'autres gens heureux, ou faire plaisir, le psychopathe aime faire souffrir. »

« Des proies épuisées » par la guerre d'usure au Kongo-Kinshasa finissent par devenir membres de « la pathocratie ». En effet, « au bout de quelques années de fonctionnement d'un tel système, pratiquement tous les gens souffrant de psychopathie auront été intégrés dans l'activité pathocratique, et ils sont considérés comme les éléments les plus fidèles, même si certains d'entre eux sont impliqués d'une façon ou d'une autre dans le camp adverse. »

Il se pourrait (aussi) que « la psychopathie » et « la pathocratie » soient les conséquences de la manducation des cœurs et des esprits par « la sorcellerie capitaliste ». L'influence des idéologies individualistes et nihilistes dans le chef «décideurs» et de leurs « sous-traitants » ne devrait pas être négligée au nom de la psychologisation et de la psychiatrisation de la vie publique.

Néanmoins, j'estime que les apports de la psychologie, de la psychiatrie et de la psychothérapie ne devraient pas être négligés dans la recherche des causes de la perte de la boussole éthique chez «des décideurs» et « leurs marionnettes » ainsi que chez des compatriotes majoritairement envoûtés par le culte de la personnalité des individualités médiocres, psychopathes et/ou pathocrates.

Oui. Il me semble que le Kongo-Kinshasa a besoin des « pratiques (collectives) de désenvoûtement » culturelles, psychologiques, psychiatriques, spirituelles, philosophiques, politiques, etc.

Si « les minorités organisées et éveillées » arrivaient, avec une certaine masse critique, à renverser les rapports de force, elles présideraient à cette révolution indispensable. Les médias congolais alternatifs y travaillent depuis tout un temps. Des écrivains congolais, africains et panafricains ne dorment ni ne sommeillent. Ils savent qu'ils doivent vaincre la peur du livre sur cette voie thérapeutique. Des écoles panafricaines se créent. Et la lutte continue...

Pour aller plus loin, il est possible de lire *La sorcellerie capitaliste. Pratiques de désenvoûtement* de Philippe Pignarre et Isabelle Stengers (2005) et cet article intitulé « Lorsque les psychopathes prennent le contrôle de la société.[4] »

---

4 «Lorsque les psychopathes prennent le contrôle de la société», legrandsoir.info, 27 mai 2013.

Théoriser
l'action organisée

L'ignorance voulue et/ou inconsciente de notre histoire collective, la mal information sur cette histoire, le manque de couverture médiatique alternative de cette histoire, la sous-information sur cette histoire, le fanatisme et le militantisme partisan (comme dirait Jean-Pierre Badidike) peuvent constituer de sérieux handicaps à la réappropriation de notre destinée. Cela au moment où les autres « humiliés de l'histoire » sont en train de se regrouper en de grands ensembles pour affronter « l'empire sur le déclin » et ses alliés.

Au cours de cette lutte pour la réappropriation de notre destinée collective, des compatriotes « choisis par le Ciel » et jouant le rôle de « gouvernants » risquent d'induire plusieurs d'entre nous en erreur au nom du privilège qu'ils accordent à un seul « domaine du monde commun », « le domaine (magique) spirituel », afin qu'il colonise les autres (matériel, politique, économique, culturel, social, etc.).

« Au nom du Ciel », ils excluent tout débat contradictoire de leur approche du devenir collectif congolais et adopte ceci comme option: «Celui qui n'est pas avec nous est contre nous». Et qu'en tirent-ils comme conséquence? Certains parmi eux en appellent à la fin du «mariage artificiel» conclu entre les différents royaumes ayant existé au cœur de l'Afrique avant la colonisation belge. Ou ils veulent tout simplement la précipiter ; sans débat. Ils en appellent, donc, à la balkanisation du Kongo-Kinshasa.

Dans quelle mesure leurs « diktats » sont-ils représentatifs de l'opinion dominante chez « les leurs » ? Sont-ils toujours conscients du service qu'ils veulent rendre au projet des « balkanisateurs » du pays ? Pourquoi estiment-ils qu'il est de bon ton de passer par le chantage et la soumission à leurs «diktats» (et non par le débat public) pour pousser les Congolais(es) à leur obéir ? Pourquoi « la dictature spirituelle » est-elle préférable à la dictature politique ?

Telles sont des questions que soulèvent certains appels lancés au Kongo-Kinshasa au cours de ce « temps de pourrissement ». Il nous semble que se réclamer de «BUKOKO» et oublier la place du « Kinzonzi », du «Looso», des « Masambakanyi » (c'est-à-dire de la palabre) dans «la bonne révolution» dont plusieurs compatriotes ont besoin actuellement, cela peut paraître dangereux.

S'auto-organiser en un grand mouvement populaire exige sa théorisation et des multiples échanges au niveau des collectifs citoyens interconnectés. Une bonne maîtrise de l'histoire

> S'auto-organiser en un grand mouvement populaire exige sa théorisation et des multiples échanges au niveau des collectifs citoyens interconnectés. Une bonne maîtrise de l'histoire du pays est nécessaire.

du pays est nécessaire.

Le cadre de l'action doit être défini. Les réalités (les acteurs et les enjeux) en jeu doivent être déterminées. Les objectifs assignés doivent être indiqués ainsi que les méthodes, les tactiques et les stratégies pouvant aider à les atteindre (sur le court, moyen et long terme). Les risques encourus doivent être soulignés. Et à ses différentes étapes, cette action ou une autre pouvant aider le Kongo-Kinshasa à co-rompre avec les mercenaires, les marionnettes et les autres élites compradores ainsi qu'avec le système qui les a engendrés et qu'ils servent doit pouvoir être évaluée pour être mieux boostée.

Se contenter de qualifier de « jaloux », de «haineux» tous les compatriotes décriant «la social-démocratie» congolaise actuelle est dangereux. C'est risquer de verser dans « la dictature de la pensée unique ». Même si elle est « spirituelle » et/ou « magique » ! La théorisation et la planification de l'auto-organisation sont indispensables.

Conclusion

Nous réapproprier notre destinée collective est un défi de tous les temps. L'assumer nous questionne en tant que « Bantu ». Ce défi questionne notre part de responsabilité et/ou d'irresponsabilité dans la descente de notre pays aux enfers. Il nous somme de mourir au fanatisme et à l'esprit partisan pour organiser un grand mouvement populaire pouvant, par des collectifs citoyens interposés, s'engager dans une «révolution culturelle profondément idéologique» en vue de renverser la pyramide hiérarchique et transformer nos masses populaires en démiurges de leur propre destinée.

Dans une Afrique en guerre perpétuelle, une défense républicaine et l'initiation des filles et des fils du Kongo-Kinshasa aux « arts d'autodéfense » est une des conditions sine qua non d'un avenir différent. Tout comme la création des routes et des autoroutes de communication et de télécommunication.

Il en va de même de la promotion des énergies vertes pouvant sortir le pays de l'obscurité et de l'obscurantisme. Une défense républicaine et une économie souveraine (suffisamment protectionniste) demeurent deux piliers majeurs de la production de soi, de la vie et de la survie au pays de Lumumba.

Dans un monde où l'option pour le multilatéralisme et l'interdépendance s'affirme de plus en plus, le Kongo-Kinshasa devra jouer la carte du panafricanisme et de la diversification de son partenariat stratégique en comptant sur les pays et les Etats respectueux de la charte de l'ONU. Il devra d'abord être refondé comme un Etat digne de ce nom. Un Etat capable, au cœur de l'Afrique, de créer des espaces de sécurité partagée avec ses voisins proches et lointains.

Mbelu Babanya Kabudi
Génération Lumumba 1961

CONGO LOBI LELO

Congo Lobi Lelo est une plateforme d'édition initiée en 2015, par le mouvement #ingeta et développée par le mouvement Likambo Ya Mabele, pour contribuer à la réinvention du Congo et de l'Afrique à travers les savoirs, les expériences et les idées partagés. Notre objectif est triple :
1. Produire et proposer des idées et des expériences pour résoudre les problèmes auxquels les congolais et les africains font face aujourd'hui
2. Promouvoir et diffuser l'intelligence congolaise et africaine à tous les niveaux
3. Développer une communauté autour de la refondation du Congo et des relations entre africains

Si vous souhaitez mieux connaître la plateforme d'édition Congo Lobi Lelo, il vous suffit de visiter notre site : www.congolobilelo.com

Direction éditoriale : Esimba Ifonge

LIKAMBO YA MABELE | LE MOUVEMENT

Likambo Ya Mabele est un mouvement civico-écologique initié par des congolais. Mouvement de rassemblement congolais, il se charge de la tâche, imposée par l'histoire, d'organiser les masses populaires congolaises autour de leurs propres intérêts et de leur offrir les moyens techniques et stratégiques pour défendre ces intérêts face au pouvoir en place et aux pouvoirs occultes qui interviennent dans la gestion du pays à partir de l'extérieur.

En tant que mouvement pour mobiliser la population congolaise en vue du changement structurel de la société ainsi que du système politique et économique sur place, et organisateur du Contre-pouvoir Congolais, Likambo Ya Mabele est appelé à réaliser des programmes d'activités de grande envergure concernant tous les secteurs civils et sécuritaires de la nation congolaise et des diasporas congolais.

Plus d'informations sur likayama.org

LIKAMBO YA MABELE | LE PROGRAMME

CE QUE NOUS VOULONS :

Nous voulons assurer la survie de la population congolaise
C'est la priorité des priorités. Nous devons préserver, sauvegarder et défendre la vie. Nous voulons assurer la survie de la population congolaise à travers la reproduction des ressources matérielles ;

Nous voulons assurer le bien-être de toutes les tranches de la population congolaise
Nous voulons assurer le maintien d'un ordre légal, social et politique permettant à toutes les tranches de la population de consacrer leurs énergies à la reproduction matérielle et à l'évolution culturelle de leur société au lieu de les consacrer au combat de la survie sous des conditions du chaos ;

Nous voulons assurer la sécurité à nos populations
Nous voulons assurer à nos populations la sécurité face aux menaces à l'intégrité territoriale et à la souveraineté nationale, provenant de l'extérieur du pays.

Nous voulons changer la manière dont nous voyons le Congo, les congolais et le monde
Nous voulons changer le paradigme conventionnel,

imposé aux Congolais et à l'opinion publique mondiale moyennant le discours hégémonique du pouvoir. Tout comme le paradigme dominant a été utilisé pour faire avancer les intérêts du pouvoir dans le contexte congolais, notre paradigme alternatif aidera les forces du changement au Congo à construire le contrepouvoir, une exigence de l'évolution politique de ce pays qui a été trop longtemps négligée par les congolais.

Nous voulons satisfaire les besoins matériels et idéels des congolais
Nous cherchons à construire systématiquement les forces de la résilience des populations congolaises et de travailler avec elles à créer leurs moyens d'organisation et d'actions. Au lieu de prôner une approche sacrificielle des masses pour leur mouvement, nous voulons qu'elles s'en approprient afin d'en faire le creuset pour la satisfaction de leurs besoins matériels et idéels.

Nous voulons faire du Kongo-Kinshasa un pays souverain et panafricain au cœur de l'Afrique
« Nous allons montrer au monde ce que peut faire l'Homme noir quand il travaille dans la liberté et Nous allons faire du Congo le centre du rayonnement de l'Afrique tout entière. » Comme nous l'a indiqué Patrice Emery Lumumba.

CE QUE NOUS NOUS ENGAGEONS A FAIRE :

Nous nous engageons à constituer un contre-pouvoir

Nous allons au-delà de l'observation et l'interprétation des événements de l'actualité dans et autour de ce pays : Nous constituons un mouvement à orientation sociopolitique et économique visant à créer un contrepouvoir.

Nous nous engageons à organiser nos populations autour de leurs propres intérêts
Nous nous engageons à travailler avec les masses populaires autour de leurs propres intérêts et à créer avec elles les moyens techniques et stratégiques pour défendre leurs intérêts face aux sous-traitants du pouvoir de l'argent et aux autres pouvoir occultes qui interviennent dans la gestion du pays de l'extérieur.

Nous nous engageons à réaliser des programmes d'activités de grande envergure concernant tous les secteurs civils et sécuritaires
Nous nous engageons à réaliser des programmes d'activités de grande envergure concernant tous les secteurs civils et sécuritaires de la nation congolaise ainsi qu'au niveau de l'étranger pour mobiliser la population congolaise en vue du changement structurel de la société ainsi que du système politique et économique sur place.

Nous nous engageons à développer un réseau fonctionnel congolais à travers le monde
Nous nous engageons à développer un réseau fonctionnel des acteurs stratégiques en vue d'atteindre les acteurs de base au niveau de la population de la RDC ainsi que des

congolais et congolaises de la diaspora pour obtenir leur participation sans réserve au mouvement ;

Nous nous engageons à créer les moyens de nos fins et combats
Nous nous engageons à créer, générer et collecter des sources de revenus propres aux structures organisationnelles du mouvement ainsi que pour les structures de base au niveau de la population ;

CE SUR QUOI NOUS MISONS :

Nous misons sur la réappropriation, par les congolais, de leur terre-mère
Nous misons sur la réappropriation, par les congolais, de leur terre-mère. La «terre-mère» est un héritage reçu des ancêtres et de «Nzambe». Il est à conserver et à protéger. Nous devons entretenir sa biodiversité pour que la vie en bénéficie.

Nous misons sur le principe de l'unité
Nous misons sur le principe de l'unité : c'est-à-dire sur l'adhésion aux stratégies d'action, élaborées sur base des débats participatifs, inclusifs et ayant aboutis aux conclusions consensuelles ; une fois entérinées, ces stratégies s'imposent à tous les acteurs en tant que programmes communs d'action prioritaire au-dessus des priorités individualistes et particulières ;

Nous misons sur le principe de la solidarité horizontale

et verticale

Nous misons sur le principe de la solidarité horizontale et verticale. Ce principe se substituera au principe de la discipline hiérarchique en tant que principe basé sur des structures organisationnelles, construites dans le cas du contrepouvoir Congolais sous forme de cercles concentriques, avec des garde-fous empêchant la concentration du pouvoir dans les mains des animateurs du mouvement, et non à partir des mécanismes de commande hiérarchique.

Impression & Distribution:
Books on Demand GmBH, Norderstedt, Allemange

ISBN : 978-2-9576981-3-4

Dépôt légal : Mai 2022

Web : Congolobilelo.com